오랜 시간 후 내게 무엇이 남을지 궁금한 사람을 위한 책

# 오늘 갑자기
# 오랜 시간 후 내게 무엇이
# 남을지 궁금한 사람에게

어느 오후 스쳐지나는 바람이 들려주는 이야기

프리드리히 지음

지성과문학

오늘 갑자기 오랜 시간 후 내게 무엇이 남을지 궁금한 사람에게

어느 오후 스쳐지나는 바람이 들려주는 이야기

오늘 갑자기 오랜 시간 후 내게 무엇이 남을지 궁금한 사람에게
어느 오후 스쳐지나는 바람이 들려주는 이야기

프리드리히

지성과문학

✽ 오늘 갑자기 오랜 시간 후 내게 무엇이 남을지 궁금한 사람에게

## 시간의 서

**일상**
침착함
매력
유혹
멋진 인정
내면
진화
거래
자질
방향(放香)
무향
빛음
지성
깊음
보존
감내
주고받음
맞섬
무감각
냉철함
뺄셈
덧셈
나눗셈

13

**곱셈**
도전
현실
오늘
깨달음
부자유
자유 사용
권리
생각
채비
자격
아우름
식별
결의
외면
목적
유효기간 연장
근원 인식
경계
분노
징벌
불손
기개

35

**공격**
비범
자태
삼감
온화함
정결
실제 달라짐
행복을 배움
기억
합당함
기원(起源)
구충
일임(一任)
불신
분별
자리 낮추기
우울 치료
복원
손익
점등
담력
깨어남
평범

61

✱ 오늘 갑자기 오랜 시간 후 내게 무엇이 남을지 궁금한 사람에게

## 시간의서

**회복** 자존감 공유 증여 부자 바라지않음 자족 쌓기 명예 의욕 역할 자격 자기발견 개별의지 독립 자립 인간다움 배신하지않음 만족 인지 용기 선악 용서

85

**굳셈** 염치 사람의행복 부족수긍 평상심 구제 길을찾음 자기창조 묶음 비슷함 속도맞춤 발견 동류 무중력 조색(調色) 선함 결행 가린 것을 거둠 무념 회귀(回歸) 문제 실재 온화함

109

**역경** 진화 벗어남 대상창조 자각 수수함 눈사람 납득 무익 개별행복 무난함 자존 오만 책 기백 파괴 묵언 평온 나 탈출 순서 소설 사소함

133

* 오늘 갑자기 오랜 시간 후 내게 무엇이 남을지 궁금한 사람에게

## 시간의 서

가장하지 않음
비슷함
냉철함
배우고 익힘
동질감
권리
공평
자존감
더 수월함
악마의 꿈
후퇴
어른
존경
내실
인간적임
정체
공평
무차별
생명
우정
손익계산
자유
**지혜**

157

달관
활용
거부
독립
올바름
인지
목표수정
지성
탁월함
저항
산책
의지
행복한 목표
부자유
경작
복종
점잖지 않음
타인지향
필연
용서
결의
선함
**함께함**

181

삶
완결
둘러댐
궁극의 마음먹기
몰두
기억 만들기
무아
마중
행복한 죽음
결정
궤적
부자
교만
**성공**

205

오늘 갑자기 오랜 시간 후 내게 무엇이 남을지 궁금한 사람에게

어느 오후 스쳐지나는 바람이 들려주는 이야기

사랑의 규칙은
그가 처음 사랑했던 나를
가능한 유지하는 것이다.
행복한 그는 저절로 나를 행복하게 한다.

오늘 갑자기 오랜 시간 후 내게 무엇이 남을지 궁금한 사람에게

# 1
# 일상

사랑은

저녁놀 화려한 하늘이 아니라

아무렇지도 않은 보통 하늘이다.

아름답고 화려한 사랑은 희생할 것이 너무 많다.

오랫동안 그렇게 한가할 수는 없다.

행복의 조건이다.

어느 오후 스쳐지나는 바람이 들려주는 이야기

오늘 갑자기 오랜 시간 후 내게 무엇이 남을지 궁금한 사람에게

# 2
# 침착함

사랑은

아침 안개처럼 차분해야 한다.

지킬 것이 많기 때문이다.

사랑은 의외로 침착해야 한다.

어느 오후 스쳐지나는 바람이 들려주는 이야기

오늘 갑자기 오랜 시간 후 내게 무엇이 남을지 궁금한 사람에게

# 3
## 매력

사랑의 묘약은

운명적 만남이 아니라

자기를 조금 더 가꾸는 것이다.

사랑은 찾아오는 것.

행복도 마찬가지.

어느 오후 스쳐지나는 바람이 들려주는 이야기

오늘 갑자기 오랜 시간 후 내게 무엇이 남을지 궁금한 사람에게

# 4
# 유혹

사랑은

비밀투성이여야 한다.

현혹해야 하기 때문이다.

비밀을 끝까지 깨지 말 것이며

자기만의 비밀을 더욱 만들라.

사랑의 시작은 호기심,

그 유지는 비밀에서이다.

어느 오후 스쳐지나는 바람이 들려주는 이야기

오늘 갑자기 오랜 시간 후 내게 무엇이 남을지 궁금한 사람에게

5

멋진 인정

사랑은

비슷하게 되는 과정이 아니라

다름을 '멋지게' 인정하는 과정이다.

그와 영혼까지 공유하려 착각 말라.

어느 오후 스쳐지나는 바람이 들려주는 이야기

오늘 갑자기 오랜 시간 후 내게 무엇이 남을지 궁금한 사람에게

# 6
## 불변

사랑의 대상은

변하지 않은 것들이다.

순수, 열정, 선함, 감성, 정다움.

외형적 사랑은 젊은 시절 몫이다.

그때는 그것밖에 없으니 할 수 없다.

사실, 이것은 행복의 비밀이다.

어느 오후 스쳐지나는 바람이 들려주는 이야기

오늘 갑자기 오랜 시간 후 내게 무엇이 남을지 궁금한 사람에게

# 7
## 진화

사랑의 기술은

상대가 희생을 아까워하지 않을 정도로

자기를 매력적으로 만들어 가는 것이다.

사람은 받는 것을 좋아하지만

의외로 주는 것도 꽤 좋아해서

줄 만한 상대를 계속 찾는다.

어느 오후 스쳐지나는 바람이 들려주는 이야기

오늘 갑자기 오랜 시간 후 내게 무엇이 남을지 궁금한 사람에게

## 8
## 거래

사랑은

백 가지 조건이 필요하고

그것을 지키는 과정이다.

작은 물건 하나 사는데도 거래 조건이 필요하다.

사랑은 인생 최대의 거래이다.

조건 없는 사랑은 소설에서나 찾아라.

그 행복은 사흘을 넘기기 어렵다.

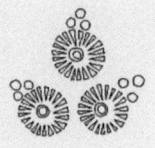

어느 오후 스쳐지나는 바람이 들려주는 이야기

오늘 갑자기 오랜 시간 후 내게 무엇이 남을지 궁금한 사람에게

# 9
## 자질

사랑의 대상은

아름다운 자가 아니라

즐거움을 주는 자가 좋다.

아름다움은 오래가지 않아서 자격 상실이다.

행복의 친구는 아름다움이 아니라 즐거움이다.

어느 오후 스쳐지나는 바람이 들려주는 이야기

오늘 갑자기 오랜 시간 후 내게 무엇이 남을지 궁금한 사람에게

## 10
### 방향(放香)

사랑은

소나무 향 같은 것이다.

너무 주려, 받으려 하지 말라.

주어도 불편하고 받아도 불편하다.

주면 받고 싶고, 받으면 돌려주어야 문제없다.

어느 오후 스쳐지나는 바람이 들려주는 이야기

오늘 갑자기 오랜 시간 후 내게 무엇이 남을지 궁금한 사람에게

## 11
## 무향

사랑은

편하고 순수한 무향이다.

향기가 지속되면

두통을 일으킬 것이다.

행복한 사랑은 느끼지 못할 정도로 순한 것이다.

어느 오후 스쳐지나는 바람이 들려주는 이야기

오늘 갑자기 오랜 시간 후 내게 무엇이 남을지 궁금한 사람에게

## 12
## 빚음

사랑은

하루하루 매력을 만들어 가는 것이다.

죽음의 순간까지.

부지런하면 무엇이든 조금은 쉽게 가질 수 있다.

사랑도 마찬가지. 행복도 마찬가지.

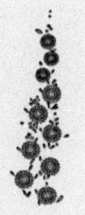

어느 오후 스쳐지나는 바람이 들려주는 이야기

오늘 갑자기 오랜 시간 후 내게 무엇이 남을지 궁금한 사람에게

## 13
## 지성

사랑은

감성만큼 이성적이다.

감성만이면 어느새 도망간다.

감성으로 사랑에 흥분하고

이성으로 사랑에 전념한다.

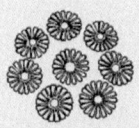

어느 오후 스쳐지나는 바람이 들려주는 이야기

오늘 갑자기 오랜 시간 후 내게 무엇이 남을지 궁금한 사람에게

## 14
## 깊음

사랑의 기쁨은

내가 아닌 그의 즐거움이다.

내 것은 얕은 우물이고

그의 것은 깊은 바다이다.

행복한 사랑의 조건이다.

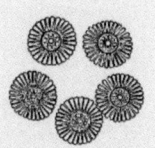

어느 오후 스쳐지나는 바람이 들려주는 이야기

오늘 갑자기 오랜 시간 후 내게 무엇이 남을지 궁금한 사람에게

## 15
### 보존

사랑의 규칙은

그가 처음 사랑했던 나를

가능한 유지하는 것이다.

행복한 그는 저절로 나를 행복하게 한다.

어느 오후 스쳐지나는 바람이 들려주는 이야기

오늘 갑자기 오랜 시간 후 내게 무엇이 남을지 궁금한 사람에게

## 16
## 감내

사랑은

불편한 일이다.

사람의 마음을 사로잡는 것이 그리 쉬운 일은 아니다.

편안하다면 이미 사랑은 지나간 것.

불편한 것을 감수하는 인내와 노력이

사랑을 유지한다.

어느 오후 스쳐지나는 바람이 들려주는 이야기

오늘 갑자기 오랜 시간 후 내게 무엇이 남을지 궁금한 사람에게

# 17
## 주고받음

사랑은

주는 것만큼만 받을 수 있다.

누구든 성인(聖人)이 아니라 사람이다.

받은 것 이상을 요구하면 화를 내는 법이다.

행복한 사랑의 법칙이다.

어느 오후 스쳐지나는 바람이 들려주는 이야기

오늘 갑자기 오랜 시간 후 내게 무엇이 남을지 궁금한 사람에게

## 18
## 맞섬

자유,

별 것 아니다.

하고 싶은 대로 한다고 그리 대단할 것도 없다.

단지, 사역으로부터의 도피가 목적이라면.

당신이 도피하는 만큼 행복도 도망갈 것이다.

어느 오후 스쳐지나는 바람이 들려주는 이야기

오늘 갑자기 오랜 시간 후 내게 무엇이 남을지 궁금한 사람에게

## 19
## 무관심

권력가와 재력가의 가장 껄끄러운 상대는

그들의 것에 무관심한 자이다.

그가 자신보다 행복해 보이기 때문이다.

어느 오후 스쳐지나는 바람이 들려주는 이야기

오늘 갑자기 오랜 시간 후 내게 무엇이 남을지 궁금한 사람에게

## 20
## 곱셈

자유는

타인에게서 뺏는 것이 아니라

그들과 함께 나누는 것이다.

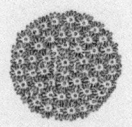

어느 오후 스쳐지나는 바람이 들려주는 이야기

오늘 갑자기 오랜 시간 후 내게 무엇이 남을지 궁금한 사람에게

## 21

### 뺄셈

행복은

무한히 확장한다.

표면에 도달할 수 없는 이유이다.

그런데 사실 그렇게 멀리 갈 필요 없다.

행복은 공처럼 생겨서

한 쪽으로 가면 다른 쪽에서 멀어지기 때문이다.

어느 오후 스쳐지나는 바람이 들려주는 이야기

오늘 갑자기 오랜 시간 후 내게 무엇이 남을지 궁금한 사람에게

## 22
## 덧셈

자유의 목적도 역시 행복이다.

내 주위 열 사람만 자유롭다면

그들과 함께 행복할 것이다.

어느 오후 스쳐지나는 바람이 들려주는 이야기

오늘 갑자기 오랜 시간 후 내게 무엇이 남을지 궁금한 사람에게

## 23
## 나눗셈

모든 일에는 준비가 필요하다.

하지만, 자유를 위한 준비에

시간을 너무 과도하게 끌면

결국 죽음을 위한 준비가 될 것이다.

준비 잘 하려다 젊음이 다 간다.

절망과 슬픔 속에도 우리는 충분히 자유롭다.

어느 오후 스쳐지나는 바람이 들려주는 이야기

오늘 갑자기 오랜 시간 후 내게 무엇이 남을지 궁금한 사람에게

## 24
## 냉철함

자유에 대한 억압에 대항하는 자는

치열히 그리고 냉철히 준비하여

억압의 싹이 다시 트지 못하도록

철저히 파괴, 응징해야 한다.

억압에 대한 단순 자기방어적 저항은

희생을 키울 뿐이다.

'적당히'는 불행의 조건이다.

어느 오후 스쳐지나는 바람이 들려주는 이야기

오늘 갑자기 오랜 시간 후 내게 무엇이 남을지 궁금한 사람에게

## 25
## 도전

자유에

편안함을 연결하는 것은

스무 살 시절 잠깐으로 충분하다.

자유는 모험과 투쟁 상태이다.

편안함을 원한다면

작은 방에서 조용히 그것을 만끽하면 될 것이다.

자유는 정신적 상태이다.

육체적 자유는 나태일 뿐이다.

집을 나섬은 행복의 조건이다.

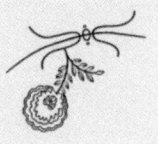

어느 오후 스쳐지나는 바람이 들려주는 이야기

오늘 갑자기 오랜 시간 후 내게 무엇이 남을지 궁금한 사람에게

## 26
## 현실

자유는

아무것도 해주지 않는다.

자유로워도 아무것도 얻을 수 없다.

그래서 자유와 먹을 것을 바꾸는 것이다.

자유가 무엇이든 해줄 것이라는 오해가

사람을 자유롭지 못한 것으로 오인케 한다.

진리는 행복하지만 가난한 법이다.

어느 오후 스쳐지나는 바람이 들려주는 이야기

오늘 갑자기 오랜 시간 후 내게 무엇이 남을지 궁금한 사람에게

## 27
## 오늘

삶 대부분은 과거와 미래이다.

현재는 너무 짧다.

자유롭지 못한 이유이다.

복잡하게 생각하지 말라.

그냥 지금 자유로우면 자유로운 것이다.

어느 오후 스쳐지나는 바람이 들려주는 이야기

오늘 갑자기 오랜 시간 후 내게 무엇이 남을지 궁금한 사람에게

## 28
## 깨달음

자유가 주는 것은

'존재의 깨어 있음'이다.

그것은 아무것도 주지 않지만 많은 것을 주기도 한다.

모든 것을 다 잃어도, 잔혹한 세상에서도

그것은 세상을 유지시킨다.

사랑은 먹을 것을 주지 않는다.

자유도 동일하다.

아무것도 주지 않지만, 우리 생을 결정한다.

행복을 주기 때문이다.

어느 오후 스쳐지나는 바람이 들려주는 이야기

오늘 갑자기 오랜 시간 후 내게 무엇이 남을지 궁금한 사람에게

## 29
## 부자유

자유는

단지 억압에 대항할 수 있는 상태일 뿐이다.

'자기 마음대로'라는 생각은 착각이다.

진리는 자유로 인도하지만

자유는 진리로 인도하지 않는다.

둘을 동급으로 생각하면 곤란하다.

공평이 기웃거리기 때문이다.

행복은 약간의 부자유 상태이다.

어느 오후 스쳐지나는 바람이 들려주는 이야기

오늘 갑자기 오랜 시간 후 내게 무엇이 남을지 궁금한 사람에게

## 30
## 자유의 사용

궁금한 것은

자유를 어떻게 써야 하는지 인데

지식인들은

자유롭기 위한 편법만을 가르친다.

어느 오후 스쳐지나는 바람이 들려주는 이야기

오늘 갑자기 오랜 시간 후 내게 무엇이 남을지 궁금한 사람에게

## 31
## 권리

자유는

세심하게 준비한 자에게만 주어지는 선물이다.

쉽게 자유롭지 못한 이유이다.

어느 날 아침 눈을 떴을 때

자유로울 수는 없는 일이다.

어느 오후 스쳐지나는 바람이 들려주는 이야기

## 32
## 생각

자유는

시골 노인의 소박하고 주름진 얼굴과

도시 골목 너머 소년의 가슴까지

모두가 가지는 '생각의 힘'으로 완성되는 것이다.

압제자 몇 사람 제거되었다고 자유롭다 착각하면 곤란하다.

독재를 벗어나면 가난이 드러난다.

자유는 비슷해졌는데 가진 것이 다르기 때문이다.

어느 오후 스쳐지나는 바람이 들려주는 이야기

오늘 갑자기 오랜 시간 후 내게 무엇이 남을지 궁금한 사람에게

## 33

## 채비

집 떠나면 고생이다.

좀 덜 고생하려면

과하면 안 되겠지만 조금은 준비해야 한다.

고생하느라 경치 볼 시간이 없기 때문이다.

두려움은 대부분 준비 부족에 기인한다.

새로운 곳을 항해하려면

어느 정도 인고의 준비가 필요하다.

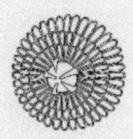

어느 오후 스쳐지나는 바람이 들려주는 이야기

오늘 갑자기 오랜 시간 후 내게 무엇이 남을지 궁금한 사람에게

## 34
## 자격

얼마나 행복을 누릴 만한지는

타인을 얼마나 행복하게 해주는지로 결정된다.

어느 오후 스쳐지나는 바람이 들려주는 이야기

오늘 갑자기 오랜 시간 후 내게 무엇이 남을지 궁금한 사람에게

# 35
# 아우름

사람들과 교제에 능숙해지려면

그들의 생각에 맞추어야 한다.

탁월한 자에게는 곤란한 일이지만

위대한 자에게는 즐거운 일이다.

어느 오후 스쳐지나는 바람이 들려주는 이야기

오늘 갑자기 오랜 시간 후 내게 무엇이 남을지 궁금한 사람에게

## 36
## 식별

사람이 정의를 말하는 것은

어울리지 않는다.

신이 들으면 웃을 일이다.

주의하지 않으면 정의는 행복의 적이다.

어느 오후 스쳐지나는 바람이 들려주는 이야기

오늘 갑자기 오랜 시간 후 내게 무엇이 남을지 궁금한 사람에게

## 37
## 결의

정의는

사람을 행복하게 하는 데 실패했다.

의지가 다른 영역에 있기 때문이다.

이는 지식이 '삶에 무력한' 이유와 동일하다.

모든 가치가 의미를 가지려면

'의지의 문'을 통과해야 한다.

어느 오후 스쳐지나는 바람이 들려주는 이야기

오늘 갑자기 오랜 시간 후 내게 무엇이 남을지 궁금한 사람에게

## 38
### 외면

정의에 대해서는

다소 모른 척해야 한다.

너무 아는 척하면 다수가 반발한다.

어느 오후 스쳐지나는 바람이 들려주는 이야기

오늘 갑자기 오랜 시간 후 내게 무엇이 남을지 궁금한 사람에게

## 39

## 목적

정의는

자기를 정의롭게 하는 데 사용되는 것이 아니라

주로, 남이 정의로운지 감시하는 데 사용된다.

한 번 정의롭게 행동했다고

정의로운 것은 아니다.

남이 보고 있었을지 모른다.

우리 시대 정의의 목적은 행복이 아니다.

정의가 진리에서 멀어진 이유이다.

어느 오후 스쳐지나는 바람이 들려주는 이야기

오늘 갑자기 오랜 시간 후 내게 무엇이 남을지 궁금한 사람에게

## 40
## 유효기간

정의의 유효 기간은

그리 길지 않다.

보통 자기가 약자로 있을 때로 제한된다.

강자가 되면 행복하지 않은 이유이다.

어느 오후 스쳐지나는 바람이 들려주는 이야기

오늘 갑자기 오랜 시간 후 내게 무엇이 남을지 궁금한 사람에게

## 41
## 근원 인식

정의는

원래 선이었는데

선을 위해 악을 행하다

악이 되어 버렸다.

어느 오후 스쳐지나는 바람이 들려주는 이야기

오늘 갑자기 오랜 시간 후 내게 무엇이 남을지 궁금한 사람에게

## 42
## 경계

헌법은 정의를 보장한다.

그 외는 아니다.

경계는 행복의 조건이다.

어느 오후 스쳐지나는 바람이 들려주는 이야기

오늘 갑자기 오랜 시간 후 내게 무엇이 남을지 궁금한 사람에게

## 43
## 분노

정의는

힘 있는 자 옆에서

약자를 비웃고 있다.

이제 남은 것은 '냉철한 분노'밖에 없다.

싸우지 않는 것은 최선일 때도 있지만 최악일 때도 있다.

어느 오후 스쳐지나는 바람이 들려주는 이야기

오늘 갑자기 오랜 시간 후 내게 무엇이 남을지 궁금한 사람에게

## 44
## 징벌

불한당도 용서받으려면 한참이 걸린다.

잘못된 정의는 말할 것도 없다.

극형이 최선이다.

불의는 행복을 무너뜨린다.

어느 오후 스쳐지나는 바람이 들려주는 이야기

오늘 갑자기 오랜 시간 후 내게 무엇이 남을지 궁금한 사람에게

## 45
## 불손

악한 자에게 있어

착하고 고분고분한 사람은

여러모로 중요하고 쓸모가 있다.

어느 오후 스쳐지나는 바람이 들려주는 이야기

오늘 갑자기 오랜 시간 후 내게 무엇이 남을지 궁금한 사람에게

## 46
## 기개

악용된 도덕의 역할은

사람을 겁쟁이로 만드는 것이다.

겁쟁이 도덕주의자는 행복하기 어렵다.

어느 오후 스쳐지나는 바람이 들려주는 이야기

진리를 주는 비밀의 책도
오래 묵으면 퀴퀴한 냄새가 난다.
매일 닦아 주어야 한다.

오늘 갑자기 오랜 시간 후 내게 무엇이 남을지 궁금한 사람에게

## 47

## 공격

멋진 갑옷만으로는

싸움에서 이길 수 없다.

칼과 창도 있어야 한다.

어느 오후 스쳐지나는 바람이 들려주는 이야기

오늘 갑자기 오랜 시간 후 내게 무엇이 남을지 궁금한 사람에게

## 48
## 비범

도덕의 명분은

'모두를 위해서'이다.

그런데 실제로 그런 일은 별로 없다.

탁월해지면 도덕에서 빠져나가려 하기 때문이다.

어느 오후 스쳐지나는 바람이 들려주는 이야기

오늘 갑자기 오랜 시간 후 내게 무엇이 남을지 궁금한 사람에게

## 49

## 자태

하루아침에 깨달은 자의 특징은

그것이 하루밖에 가지 않는다는 것이다.

오랜 철학자가 겉보기에도 다른 이유이다.

얼굴과 몸짓에 나타난다.

진리는 오랜 흔적이다.

어느 오후 스쳐지나는 바람이 들려주는 이야기

오늘 갑자기 오랜 시간 후 내게 무엇이 남을지 궁금한 사람에게

## 50
## 삼감

머리가 뛰어나고 일찍 성공한 자는

도덕을 배울 필요도 시간도 부족했던

도덕적 풋내기인 경우가 많다.

스스로 경계하고 조심할 일이다.

지능과 기억력으로만 평가되지 않는

공평한 세상을 기다린다.

어느 오후 스쳐지나는 바람이 들려주는 이야기

오늘 갑자기 오랜 시간 후 내게 무엇이 남을지 궁금한 사람에게

## 51
## 온화함

선함은

연습과 노력으로 탄생한다.

따뜻한 마음은

어린 시절 많은 부분 결정된다.

어느 오후 스쳐지나는 바람이 들려주는 이야기

오늘 갑자기 오랜 시간 후 내게 무엇이 남을지 궁금한 사람에게

## 52
## 정결함

진리를 주는 비밀의 책도

오래 묵으면 퀴퀴한 냄새가 난다.

매일 닦아 주어야 한다.

어느 오후 스쳐지나는 바람이 들려주는 이야기

오늘 갑자기 오랜 시간 후 내게 무엇이 남을지 궁금한 사람에게

## 53
## 실제 달라짐

도덕을 가르치라 했더니

암기력만 가르친다.

시험이 끝나면 잊힐 것이다.

어느 오후 스쳐지나는 바람이 들려주는 이야기

오늘 갑자기 오랜 시간 후 내게 무엇이 남을지 궁금한 사람에게

## 54
## 핵심

교육자는

성공하는 법을 가르치는 자가 아니라

행복을 가르치는 자여야 한다.

성공했다 남들은 축하해 주는데 무언가 석연찮다.

행복을 배운 적이 없기 때문이다.

어느 오후 스쳐지나는 바람이 들려주는 이야기

오늘 갑자기 오랜 시간 후 내게 무엇이 남을지 궁금한 사람에게

## 55
## 기억

기억력은 며칠을 넘기기 어렵다.

깨달음도 행복도 마찬가지.

어느 오후 스쳐지나는 바람이 들려주는 이야기

오늘 갑자기 오랜 시간 후 내게 무엇이 남을지 궁금한 사람에게

## 56
## 합당함

국가 권력은

평등을 가장하여

평등을 해치는 공인기관이다.

그에 합당하게 대우하는 것이 좋다.

잘못하면 행복을 빼앗긴다.

어느 오후 스쳐지나는 바람이 들려주는 이야기

오늘 갑자기 오랜 시간 후 내게 무엇이 남을지 궁금한 사람에게

## 57
## 기원(起源)

각 개인이 공평을 행하지 않는데

국가가 그럴 리 없다.

남 탓할 것 없다.

행복한 세상은 국가와 무관하다.

어느 오후 스쳐지나는 바람이 들려주는 이야기

오늘 갑자기 오랜 시간 후 내게 무엇이 남을지 궁금한 사람에게

## 58
## 구충

국가 권력에 기생하는

파렴치한 기득권층을 몰아내는 것이

행복한 세상을 위한

첫 번째 걸음이다.

어느 오후 스쳐지나는 바람이 들려주는 이야기

오늘 갑자기 오랜 시간 후 내게 무엇이 남을지 궁금한 사람에게

## 59
## 일임(一任)

주인과 하인은

실질적 힘으로 결정된다.

행복하려면

형편없는 자들에게 힘을 주어서는 안 된다.

어느 오후 스쳐지나는 바람이 들려주는 이야기

오늘 갑자기 오랜 시간 후 내게 무엇이 남을지 궁금한 사람에게

## 60
## 불신

모든 권력을 믿지 말라.

의심하고 감시하여

이용당하지 않도록 항상 조심하라.

어느 오후 스쳐지나는 바람이 들려주는 이야기

## 61
## 분별

국가 권력은

평등을 제공하는 듯하지만

교묘히 불평등을 정당화시킨다.

사람이 그 일을 하기 때문이다.

충성과 희생이 파렴치한 자에게 득이 돼선 곤란하다.

어느 오후 스쳐지나는 바람이 들려주는 이야기

오늘 갑자기 오랜 시간 후 내게 무엇이 남을지 궁금한 사람에게

## 62
## 자리 낮추기

힘있는 자를 부러워할 것 없다.

자리 유지하기 급급한 모습은

별로 다를 바 없다.

힘의 크기는 자리의 높이와 비례한다.

너무 높아지면 행복은 그곳에 오를 수 없다.

어느 오후 스쳐지나는 바람이 들려주는 이야기

오늘 갑자기 오랜 시간 후 내게 무엇이 남을지 궁금한 사람에게

## 63
## 우울

성공의 자리 근처에는

음울함이 먼저 눈에 들어온다.

혼자의 것이어야 하기 때문이다.

우울의 원인은 욕심이다.

어느 오후 스쳐지나는 바람이 들려주는 이야기

오늘 갑자기 오랜 시간 후 내게 무엇이 남을지 궁금한 사람에게

## 64
## 파괴

남보다 큰 힘을 가지려는 생각이

벌써 사람을 망가뜨린다.

어느 오후 스쳐지나는 바람이 들려주는 이야기

오늘 갑자기 오랜 시간 후 내게 무엇이 남을지 궁금한 사람에게

## 65
## 손익

힘은

주는 만큼

그대로 빼앗아 간다.

행복이 힘과 무관한 이유이다.

어느 오후 스쳐지나는 바람이 들려주는 이야기

오늘 갑자기 오랜 시간 후 내게 무엇이 남을지 궁금한 사람에게

## 66
## 점등

즐거움은

같이 해 줄 사람이 있어야 가능하다.

어두운 방에 불을 켜면 안 보이던 것이 보이듯

친구는 항상 어디에나 있다.

어느 오후 스쳐지나는 바람이 들려주는 이야기

오늘 갑자기 오랜 시간 후 내게 무엇이 남을지 궁금한 사람에게

## 67
## 담력 연습

세력가가

억압을

가능하게 하는 것은

단지 사람들의 두려움이다.

두려워하지만 않으면 대부분 꼬리를 내린다.

어느 오후 스쳐지나는 바람이 들려주는 이야기

오늘 갑자기 오랜 시간 후 내게 무엇이 남을지 궁금한 사람에게

## 68

## 깨어남

권위와 힘이 사기라는 것은

너무 유명해서 모두 다 알고 있다.

그런데 자기가 그것을 가지게 되면

일부러 모르는 척 최면을 건다.

어느 오후 스쳐지나는 바람이 들려주는 이야기

오늘 갑자기 오랜 시간 후 내게 무엇이 남을지 궁금한 사람에게

## 69

## 평범함

특별한 자는

특별히 나쁜 자와 같은 말이다.

자기를 특별한 자로 여기지 말라.

어느 오후 스쳐지나는 바람이 들려주는 이야기

명예는
어느 날 아침 갑자기 결코 얻을 수 없으니 착각 말라.
명예로울 기회를 놓친다.

오늘 갑자기 오랜 시간 후 내게 무엇이 남을지 궁금한 사람에게

## 70
## 회복

타인보다 우위에 서려는 생각은

보통, 어릴 때는 갖지 않는다.

어른들이 모든 것을 망쳐 놓는다.

어느 오후 스쳐지나는 바람이 들려주는 이야기

오늘 갑자기 오랜 시간 후 내게 무엇이 남을지 궁금한 사람에게

## 71
## 자존감

자존감은

적어도 문제지만 많은 것도 문제이다.

화를 낼 일이 많아지기 때문이다.

행복이 제일 먼저 도망간다.

어느 오후 스쳐지나는 바람이 들려주는 이야기

오늘 갑자기 오랜 시간 후 내게 무엇이 남을지 궁금한 사람에게

## 72
## 공유

과도한 부는

태생 상, 윤리적일 수 없다.

선한 자가 부를 공유하는 이유이다.

어느 오후 스쳐지나는 바람이 들려주는 이야기

오늘 갑자기 오랜 시간 후 내게 무엇이 남을지 궁금한 사람에게

# 73
# 중여

부는

자기가 누리는 것으로 충분하다.

그 이상은 욕심이다.

득보다 실이 많기 때문이다.

어느 오후 스쳐지나는 바람이 들려주는 이야기

오늘 갑자기 오랜 시간 후 내게 무엇이 남을지 궁금한 사람에게

## 74
## 부자

행복을 위해 부자가 되려는 노력은

어느 정도까지는 선이 악을 앞선다.

그 이상이면 반대이다.

어느 오후 스쳐지나는 바람이 들려주는 이야기

오늘 갑자기 오랜 시간 후 내게 무엇이 남을지 궁금한 사람에게

## 75
## 바라지 않음

명예는
자기 것을 아무 대가 없이 제공해야 얻을 수 있다.
인기와 명예를 혼동 말라.

어느 오후 스쳐지나는 바람이 들려주는 이야기

오늘 갑자기 오랜 시간 후 내게 무엇이 남을지 궁금한 사람에게

## 76
## 자족

명예는

업적과 무관하다.

오랫동안 성실하게 용기 있게 살았다면

누가 그것을 알아보지 못해도

명예롭게 눈을 감아라.

어느 오후 스쳐지나는 바람이 들려주는 이야기

오늘 갑자기 오랜 시간 후 내게 무엇이 남을지 궁금한 사람에게

# 77
## 축적

명예는

어느 날 아침 갑자기 결코 얻을 수 없으니 착각 말라.

명예로울 기회를 놓친다.

오늘 갑자기 오랜 시간 후 내게 무엇이 남을지 궁금한 사람에게

## 78
## 명예

명예를 위해 살지 말고

명예롭게 살라.

명예를 위해 살면 사람들에게 인정받을 것이고

명예롭게 살면 자신에게 인정받을 것이다.

어느 오후 스쳐지나는 바람이 들려주는 이야기

오늘 갑자기 오랜 시간 후 내게 무엇이 남을지 궁금한 사람에게

## 79

## 의욕

신은

우리 의지로 할 수 있는 만큼만 돕는다.

그 외는 그도 어쩔 수 없다.

결국, 의지가 신이며 행복의 열쇠이다.

어느 오후 스쳐지나는 바람이 들려주는 이야기

오늘 갑자기 오랜 시간 후 내게 무엇이 남을지 궁금한 사람에게

## 80
## 역할

신의 일은 신이 해야 하고

사람의 일은 사람이 해야 한다.

작은 일로 신을 너무 바쁘게 하지 말라.

행복은 사람의 일이다.

어느 오후 스쳐지나는 바람이 들려주는 이야기

오늘 갑자기 오랜 시간 후 내게 무엇이 남을지 궁금한 사람에게

# 81
## 자격

신은

실망시키지 않았다.

비겁하지 않게 무엇이든지 하려는

용기를 주었기 때문이다.

이것이면 우리는 이미 행복할 자격을 갖는다.

어느 오후 스쳐지나는 바람이 들려주는 이야기

오늘 갑자기 오랜 시간 후 내게 무엇이 남을지 궁금한 사람에게

## 82
## 자기 발견

사람은

불완전하고 실수투성이이다.

스스로 고치거나 신의 은총을 구하면 된다.

그런데 신은 이미 많은 것을 주어서

기억해 낸다면 신에게 손을 내밀지 않을 것이다.

몇 번이건 말하지만

행복은 신의 일이 아니다.

어느 오후 스쳐지나는 바람이 들려주는 이야기

오늘 갑자기 오랜 시간 후 내게 무엇이 남을지 궁금한 사람에게

## 83
## 개별의지

사람의 자유의지도 신의 의도이다.

자꾸 그에게 맡기고 의지(依支)하라 함은

그가 한 말이 아니라

사제들이 실수로 한 말이다.

어느 오후 스쳐지나는 바람이 들려주는 이야기

오늘 갑자기 오랜 시간 후 내게 무엇이 남을지 궁금한 사람에게

## 84

## 오해

신의 관심은

우주 전체의 행복이다.

인간의 행복은

그의 그렇게 큰 관심사는 아니다.

어느 오후 스쳐지나는 바람이 들려주는 이야기

오늘 갑자기 오랜 시간 후 내게 무엇이 남을지 궁금한 사람에게

## 85
## 자립

사람을 모두 돌보려면

그 수 만큼 신이 필요할 것이다.

사람의 행복이 너무 많아

어쩌면 실제로 그럴지도 모른다.

어느 오후 스쳐지나는 바람이 들려주는 이야기

오늘 갑자기 오랜 시간 후 내게 무엇이 남을지 궁금한 사람에게

## 86
## 인간다움

신이 원하는 것은

우리가 소박하고 단정하게 살다가 죽는 것이다.

그것뿐이다.

너무 애쓸 것 없다.

어느 오후 스쳐지나는 바람이 들려주는 이야기

오늘 갑자기 오랜 시간 후 내게 무엇이 남을지 궁금한 사람에게

## 87
## 배신

사람은

앞에서 신을 찾고

뒤에서 배신한다.

오래전부터 익숙한 장면이다.

신도 그렇게 행복하지는 않을 것이다.

어느 오후 스쳐지나는 바람이 들려주는 이야기

오늘 갑자기 오랜 시간 후 내게 무엇이 남을지 궁금한 사람에게

## 88

## 만족

태어남, 늙음, 병듦, 죽음,

하늘, 땅, 산, 물, 공기, 바다, 별, 달, 우주, 봄, 가을,

눈, 귀, 코, 혀, 심장, 손, 발,

사랑, 우정, 용기, 자유, 의지, 선함.

신이 공평한 곳이다.

이 정도면 충분하지 않은가?

어느 오후 스쳐지나는 바람이 들려주는 이야기

오늘 갑자기 오랜 시간 후 내게 무엇이 남을지 궁금한 사람에게

## 89
## 인지

지금도 그런지는 모르겠으나

처음 만들었을 때

신은

사람을 사랑했었음은 틀림없다.

행복할 자격을 주었기 때문이다.

어느 오후 스쳐지나는 바람이 들려주는 이야기

오늘 갑자기 오랜 시간 후 내게 무엇이 남을지 궁금한 사람에게

## 90
## 용기

악은

선한 자의

비겁에 기인한다.

어느 오후 스쳐지나는 바람이 들려주는 이야기

오늘 갑자기 오랜 시간 후 내게 무엇이 남을지 궁금한 사람에게

# 91
## 선악

신은 선악을 모르게 하려고 했다.

선악은 인간의 일이다.

그래서 악한 자를 벌주는 것도 인간의 일이다.

어느 오후 스쳐지나는 바람이 들려주는 이야기

오늘 갑자기 오랜 시간 후 내게 무엇이 남을지 궁금한 사람에게

## 92
## 용서

악을 용서하는 것은

신이 아니라 사람이다.

만일 악한 자가 신에게 용서를 구해 마음 편해진다면

신은 악마와 다를 바 없다.

어느 오후 스쳐지나는 바람이 들려주는 이야기

신의 평정은 태생적이고
사람의 평정은 노력으로 이루는 것이니
만일 그것이 가능하다면
우리는 신보다 뛰어난 것이다.

오늘 갑자기 오랜 시간 후 내게 무엇이 남을지 궁금한 사람에게

## 93
## 굳셈

신은

강자도 약자도 아닌

강해지려 의지하는 자를 돕는다.

어느 오후 스쳐지나는 바람이 들려주는 이야기

오늘 갑자기 오랜 시간 후 내게 무엇이 남을지 궁금한 사람에게

## 94
## 염치

우리는 이웃의 슬픔에 무관심하면서

신에게만 우리 슬픔에 관심을 가져달라는 것은

참으로 염치없는 일이다.

어느 오후 스쳐지나는 바람이 들려주는 이야기

오늘 갑자기 오랜 시간 후 내게 무엇이 남을지 궁금한 사람에게

95

사람의 행복

신은 사람을 창조했고

사람도 신을 마음대로 창조했다.

이미 반신반인(半神半人)이다.

신의 검으로도 나누어지지 않는다.

모두가 혼돈 속에서 신과 인간을 연극한다.

그를 신으로 돌려놓아야 하고

우리는 인간으로 돌아와야 한다.

사람은 사람의 행복으로 충분하다.

어느 오후 스쳐지나는 바람이 들려주는 이야기

오늘 갑자기 오랜 시간 후 내게 무엇이 남을지 궁금한 사람에게

## 96
## 부족한 것에 대한 수긍

만일 신이 완전했다면

사람을 이렇게 불완전하게 창조하지는 않았을 것이다.

우리가 불완전해도

행복할 수 있는 이유이다.

어느 오후 스쳐지나는 바람이 들려주는 이야기

오늘 갑자기 오랜 시간 후 내게 무엇이 남을지 궁금한 사람에게

## 97
## 평상심

신의 평정은 태생적이고

사람의 평정은 노력으로 이루는 것이니

만일 그것이 가능하다면

우리는 신보다 뛰어난 것이다.

어느 오후 스쳐지나는 바람이 들려주는 이야기

오늘 갑자기 오랜 시간 후 내게 무엇이 남을지 궁금한 사람에게

## 98
## 구제

신은 피조물 모두를 위한 세상을 원했고

그것을 사람이 구현하도록 설계했다.

세상을 구원하는 것은

신이 아니라 인간이다.

어느 오후 스쳐지나는 바람이 들려주는 이야기

오늘 갑자기 오랜 시간 후 내게 무엇이 남을지 궁금한 사람에게

## 99

## 길을 찾는 방법

숲속에서 길을 잃지 않기 위해서는

두려워하지 말고

숲에 익숙해지고 친밀해져야 한다.

그러면 숲이 스스로 길을 안내할 것이다.

멈추어 천천히 보라.

어느 오후 스쳐지나는 바람이 들려주는 이야기

오늘 갑자기 오랜 시간 후 내게 무엇이 남을지 궁금한 사람에게

100

자기 창조

어제의 우리도

내일 있을 우리도

오늘 우리의 의지가 결정한다.

어느 오후 스쳐지나는 바람이 들려주는 이야기

오늘 갑자기 오랜 시간 후 내게 무엇이 남을지 궁금한 사람에게

## 101
## 봄날

물에 그림자가 빠져도 옷은 젖지 않는다.

하루하루는 모두

바람 속에 저장되었다가

어느 봄날 오후

그대로 돌려줄 것이다.

투덜대는 하루하루가 모인 것이 행복이다.

어느 오후 스쳐지나는 바람이 들려주는 이야기

오늘 갑자기 오랜 시간 후 내게 무엇이 남을지 궁금한 사람에게

## 102
## 속도 맞춤

자신이 너무 앞서 있으면

걸음을 멈추라.

너무 앞서가면 길을 잃고 헤매다 추락할 것이다.

어느 오후 스쳐지나는 바람이 들려주는 이야기

오늘 갑자기 오랜 시간 후 내게 무엇이 남을지 궁금한 사람에게

## 103
## 비슷함

초라함, 슬픔 그리고 즐거움, 명예로움.

모두 때때로의 일이다.

열등한 것도 탁월한 것도 없다.

어느 오후 스쳐지나는 바람이 들려주는 이야기

오늘 갑자기 오랜 시간 후 내게 무엇이 남을지 궁금한 사람에게

## 104
## 발견

달을 물 속에서 아무리 건져도 소용 없고

거울을 손으로 아무리 더듬어도 소용 없으며

행복을 밖에서 아무리 찾아도 소용 없다.

어느 오후 스쳐지나는 바람이 들려주는 이야기

오늘 갑자기 오랜 시간 후 내게 무엇이 남을지 궁금한 사람에게

## 105
## 동류

사람에 우열은 없다.

있다면

두 그루 소나무 차이 같은 것이다.

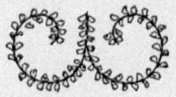

어느 오후 스쳐지나는 바람이 들려주는 이야기

오늘 갑자기 오랜 시간 후 내게 무엇이 남을지 궁금한 사람에게

## 106
## 무중력

중력이 작용하지 않으면

무게는 의미를 잃는다.

행복 또한 무엇에도 얽매이지 않는 것이라서

가진 것은 그 의미를 잃는다.

어느 오후 스쳐지나는 바람이 들려주는 이야기

오늘 갑자기 오랜 시간 후 내게 무엇이 남을지 궁금한 사람에게

## 107

### 조색(調色)

자신의 색이 뚜렷하면

평정 속에서 자유롭기 어렵다.

자신이 너무 드러나기 때문이다.

어느 오후 스쳐지나는 바람이 들려주는 이야기

오늘 갑자기 오랜 시간 후 내게 무엇이 남을지 궁금한 사람에게

## 108
## 선함

오래된 바람이

기억하는 것은

그가 강자인지 약자인지가 아니라

그의 선한 미소이다.

어느 오후 스쳐지나는 바람이 들려주는 이야기

오늘 갑자기 오랜 시간 후 내게 무엇이 남을지 궁금한 사람에게

## 109
## 결행

행복이 모습을 드러내는 것은

용기를 내어

무언가 시도할 때이다.

어느 오후 스쳐지나는 바람이 들려주는 이야기

오늘 갑자기 오랜 시간 후 내게 무엇이 남을지 궁금한 사람에게

## 110
## 밝음

모든 것을 수용하는

행복은 항상 밝다.

햇빛을 가릴 것이

더는 없기 때문이다.

어느 오후 스쳐지나는 바람이 들려주는 이야기

오늘 갑자기 오랜 시간 후 내게 무엇이 남을지 궁금한 사람에게

## 111
## 무념

무(無)는

있음의 대립체가 아니라

있음과 없음에 무심할 때 나타나는

새로운 중간체이다.

행복의 조건이다.

어느 오후 스쳐지나는 바람이 들려주는 이야기

오늘 갑자기 오랜 시간 후 내게 무엇이 남을지 궁금한 사람에게

## 112
### 회귀(回歸)

원인과 결과의

끝없는 쳇바퀴를 볼 수 있으면

초조함에서 벗어나

조금 행복할 수 있다.

어느 오후 스쳐지나는 바람이 들려주는 이야기

오늘 갑자기 오랜 시간 후 내게 무엇이 남을지 궁금한 사람에게

## 113
## 문제

해답을 찾기 위한 첫걸음은

틀림을 찾아 인정하고 그것을 제외하는 것이다.

그러면 어디선가 답이 보인다.

어느 오후 스쳐지나는 바람이 들려주는 이야기

오늘 갑자기 오랜 시간 후 내게 무엇이 남을지 궁금한 사람에게

## 114

## 실재

'산은 산이고 물은 물이다.'

있는 그대로 보지 않으면

장님의 붉은 장미처럼

진실에서 벗어날 것이다.

쓸데없는 상상은 하지 말라.

행복의 조건이다.

어느 오후 스쳐지나는 바람이 들려주는 이야기

오늘 갑자기 오랜 시간 후 내게 무엇이 남을지 궁금한 사람에게

## 115

## 온화함

진실은 따뜻하다.

누군가의 말이 차갑다면 그것은 진실이 아니다.

정다움이 행복을 준다.

어느 오후 스쳐지나는 바람이 들려주는 이야기

오늘 갑자기 오랜 시간 후 내게 무엇이 남을지 궁금한 사람에게

## 116
## 역경

깨끗한 그릇은

그것을 씻기 위한 더러움을 각오해야 하며

고귀하고 안락한 모습은

비천하고 힘에 겨운 자신을 각오해야 한다.

어느 오후 스쳐지나는 바람이 들려주는 이야기

오늘 갑자기 오랜 시간 후 내게 무엇이 남을지 궁금한 사람에게

# 117
## 진화

감정도 의견도 철학도 변한다.

같은 생각을 고집하는 자는

곧 독선적 바보가 될 것이다.

어제의 진리는 오늘과 상관없다.

어느 오후 스쳐지나는 바람이 들려주는 이야기

오늘 갑자기 오랜 시간 후 내게 무엇이 남을지 궁금한 사람에게

## 118
## 벗어남

대지 위에서

자유롭게 거닐고 있다고 생각하지만

바로 그 대지가

그를 가두고 있다.

어느 오후 스쳐지나는 바람이 들려주는 이야기

오늘 갑자기 오랜 시간 후 내게 무엇이 남을지 궁금한 사람에게

# 119
## 대상 창조

다정한 친구, 존경스런 스승, 고마운 부모,

사랑스런 아이, 정다운 사람, 선한 이웃,

설렘의 찻잔, 부드러운 비, 즐거운 바람.

수식이 붙은 존재는 당신이 직접 만든 것이다.

당신 또한 누군가에 의해 새롭게 만들어 질 것이다.

삶은 놀라운 창조의 연속이다.

신적 행복이다.

어느 오후 스쳐지나는 바람이 들려주는 이야기

오늘 갑자기 오랜 시간 후 내게 무엇이 남을지 궁금한 사람에게

## 120
## 자각

우리는 본래 붉은 고깃덩어리이다.

보고 듣고 말하고 생각하고 행동한다면

무엇 하나 더 바랄 것 없는 경이로운 일이다.

나머지 차이는 별것 아니다.

죽음을 앞둔 자는 그 행복을 잘 알고 있다.

어느 오후 스쳐지나는 바람이 들려주는 이야기

오늘 갑자기 오랜 시간 후 내게 무엇이 남을지 궁금한 사람에게

452

121

우리 일 대부분은
'그럴듯한 나'를 위한 것이다.
그냥 '소박한 나'를 원한다면
그렇게 힘들지 않을 것이다.

어느 오후 스쳐지나는 바람이 들려주는 이야기

오늘 갑자기 오랜 시간 후 내게 무엇이 남을지 궁금한 사람에게

## 122

## 눈사람

행복을 위한 진리는

하루아침 깨달음으로 얻어지는 것이 아니라

하나씩 행함에 의해 눈사람처럼 쌓아가는 것이다.

눈사람이 커질수록 더 많은 것을 수용할 수 있게 된다.

어느 오후 스쳐지나는 바람이 들려주는 이야기

오늘 갑자기 오랜 시간 후 내게 무엇이 남을지 궁금한 사람에게

## 123
## 납득

여름 산을 겨우 아는 자에게

하얀 눈꽃을 머금은 설산을 이야기하면

당신을 비웃을 것이다.

어느 오후 스쳐지나는 바람이 들려주는 이야기

오늘 갑자기 오랜 시간 후 내게 무엇이 남을지 궁금한 사람에게

## 124
## 무익

행복은

비록 하나도 유익하지 않아도

함께하면 즐거운

친구 같다.

어느 오후 스쳐지나는 바람이 들려주는 이야기

오늘 갑자기 오랜 시간 후 내게 무엇이 남을지 궁금한 사람에게

## 125
## 다름

내게 옳아도 그에게는 아니고

내게 아름다워도 그에게는 아니다.

행복은

개별 세상이다.

어느 오후 스쳐지나는 바람이 들려주는 이야기

오늘 갑자기 오랜 시간 후 내게 무엇이 남을지 궁금한 사람에게

## 126
## 무난함

행복에 접근한 자의 특징은

특별한 것이 없다는 것이다,

이로써 자신의 행복 상태를 판단할 수 있다.

어느 오후 스쳐지나는 바람이 들려주는 이야기

오늘 갑자기 오랜 시간 후 내게 무엇이 남을지 궁금한 사람에게

## 127
## 자존

내가 먹은 사과 맛이 시큼하다고

모든 사과 맛이 그렇다고 하는 것은

웃을 일이다.

그런데 자기 생각에 대해서는

그렇게 한다.

사람 사이에서

쉽게 행복할 수 없는 이유이다.

어느 오후 스쳐지나는 바람이 들려주는 이야기

오늘 갑자기 오랜 시간 후 내게 무엇이 남을지 궁금한 사람에게

## 128

## 오만

행복에 도달할 수는 있다.

그러나 그곳에 머물기는 힘들다.

오만 때문이다.

어느 오후 스쳐지나는 바람이 들려주는 이야기

오늘 갑자기 오랜 시간 후 내게 무엇이 남을지 궁금한 사람에게

## 129

행복에 도달하는 유일한 길은

내가 선택하는 '나만의 길'뿐이다.

너무 많은 지식과 철학은 미로에 빠뜨리니

그것이 지식으로 느껴지면 읽던 책은 덮는 것이 좋다.

어느 오후 스쳐지나는 바람이 들려주는 이야기

오늘 갑자기 오랜 시간 후 내게 무엇이 남을지 궁금한 사람에게

## 130
## 기백

한 번의 용기는

누구나 가능하다.

그러나 열 번의 용기는

머리 숙일 만하다.

어느 오후 스쳐지나는 바람이 들려주는 이야기

오늘 갑자기 오랜 시간 후 내게 무엇이 남을지 궁금한 사람에게

## 131
## 진리

위대한 철학을 부수고 또 부순다.

그리고 자신의 철학도 부순다.

진리의 힘이다.

어느 오후 스쳐지나는 바람이 들려주는 이야기

오늘 갑자기 오랜 시간 후 내게 무엇이 남을지 궁금한 사람에게

## 132
## 평온

행복은 정신의 편안함이다.

옳음, 선함, 아름다움을 갖추었기 때문이다.

우둔함, 게으름의 육체적 거짓 편안함을

행복으로 착각하면 곤란하다.

어느 오후 스쳐지나는 바람이 들려주는 이야기

오늘 갑자기 오랜 시간 후 내게 무엇이 남을지 궁금한 사람에게

## 133
## 묵언

깨달음에 도달한 느낌이 들면

이때가 가장 위험하다.

자신 있게 '거짓'을 말하고 다니기 때문이다.

절제된 침묵이

언제나 중요한 이유이다.

어느 오후 스쳐지나는 바람이 들려주는 이야기

오늘 갑자기 오랜 시간 후 내게 무엇이 남을지 궁금한 사람에게

## 134
## 나

진리가 세상을 직접 변화시키지는 않는다.

진리는 사람을 변화시키고

사람이 세상을 변화시킨다.

'나'를 바꾸지 않으면 세상은 절대 변하지 않는다.

진리를 알아봐야

행하지 않으면 행복에 별 소용없다.

어느 오후 스쳐지나는 바람이 들려주는 이야기

오늘 갑자기 오랜 시간 후 내게 무엇이 남을지 궁금한 사람에게

## 135
## 동굴

행복은 경쾌함과 밝음이다.

주인 없는 황금으로 가득한 어두운 동굴에서

정체 모를 그림자와 다투다 보면

동굴 밖 연녹색 세상에 눈 돌릴 틈이 없다.

어느 오후 스쳐지나는 바람이 들려주는 이야기

오늘 갑자기 오랜 시간 후 내게 무엇이 남을지 궁금한 사람에게

## 136

## 순서

행복에 먼저 도달하여 행복하게 사나

행복을 추구하다가 마지막에 행복하나

결국 마찬가지이다.

어느 오후 스쳐지나는 바람이 들려주는 이야기

오늘 갑자기 오랜 시간 후 내게 무엇이 남을지 궁금한 사람에게

## 137

## 소설

인생은 우연성을 기초로 한다.

그러므로 모두의 삶은 감동스러운 소설이 된다.

신이 원하는 바이다.

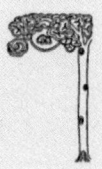

어느 오후 스쳐지나는 바람이 들려주는 이야기

오늘 갑자기 오랜 시간 후 내게 무엇이 남을지 궁금한 사람에게

## 138

## 사소함

행복에 도달하는 법은 아주 시시하다.

하루하루 모두 다 알고 있는

선함을 행하면

어느새 그곳에 도착해 있다.

어느 오후 스쳐지나는 바람이 들려주는 이야기

행복을 사람으로 제한하면
그것은 신과 관계없는
사람의 일이 된다.

오늘 갑자기 오랜 시간 후 내게 무엇이 남을지 궁금한 사람에게

## 139

### 지혜

백척간두에서 발을 내딛는 것 같은

어려운 관문을 내걸고 지혜를 가늠한다면

위대한 선인(先人)은 웃음을 참지 못할 것이다.

지혜로운 자를 신통술 부리는 도인쯤으로 생각하는 것은

흥에 겨운 술꾼의 뒷이야기일 뿐이다.

지혜를 향한 관문이나 시험 따위는 없다.

한 걸음 한 걸음으로 세상을 진동시키고

그 걸음으로 세상이 행복하도록 진중하게 나아갈 뿐이다.

지혜에 도달하기 위해 용기도 필요하지만

더 필요한 것은 백척간두까지 오르는 걸음이다.

어느 오후 스쳐지나는 바람이 들려주는 이야기

오늘 갑자기 오랜 시간 후 내게 무엇이 남을지 궁금한 사람에게

## 140
## 자유

그 일이 자유로운가를 생각하지 말고

그 일이 나에게 자유를 주는가를 숙고하라.

어느 오후 스쳐지나는 바람이 들려주는 이야기

오늘 갑자기 오랜 시간 후 내게 무엇이 남을지 궁금한 사람에게

141

손익

평등은

당장 누군가에는 손해일 수 있지만

한 세대만 지나면

모두에게 이익이다.

어느 오후 스쳐지나는 바람이 들려주는 이야기

오늘 갑자기 오랜 시간 후 내게 무엇이 남을지 궁금한 사람에게

142

우정

행복하려면

같이 즐거워해 줄 사람이 필요하다.

평등이 행복의 조건인 이유이다.

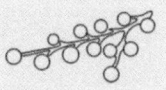

어느 오후 스쳐지나는 바람이 들려주는 이야기

오늘 갑자기 오랜 시간 후 내게 무엇이 남을지 궁금한 사람에게

## 143
## 생명

행복을 사람으로 제한하면

그것은 신과 관계없는

사람의 일이 된다.

어느 오후 스쳐지나는 바람이 들려주는 이야기

오늘 갑자기 오랜 시간 후 내게 무엇이 남을지 궁금한 사람에게

## 144

## 차별

작은 차이를 인정하면 불평등을 인정하는 셈이다.

저항이 있어도 양보는 안 된다.

모두가 행복하기 위한 길이다.

힘 있는 자의 선심 쓰는 듯한 평등은 필요 없다.

어느 오후 스쳐지나는 바람이 들려주는 이야기

오늘 갑자기 오랜 시간 후 내게 무엇이 남을지 궁금한 사람에게

## 145
## 공평

더 열심히 일한 자가 더 많이 가져야

공평하고 행복하다.

이것마저 부정되면

세상은 후퇴한다.

그렇지 않다면 모두 나서라.

어느 오후 스쳐지나는 바람이 들려주는 이야기

오늘 갑자기 오랜 시간 후 내게 무엇이 남을지 궁금한 사람에게

## 146
## 정체

물은

독사가 먹으면 독이 되고

소가 먹으면 우유가 된다.

평등을 독으로 해석하는지 우유로 해석하는지는

그 사람의 정체를 드러낸다.

평등은 자유에 이어 제 2의 진리 조건이다.

그것을 폄하해 봐야 자신의 무지만 드러낼 뿐이다.

어느 오후 스쳐지나는 바람이 들려주는 이야기

오늘 갑자기 오랜 시간 후 내게 무엇이 남을지 궁금한 사람에게

## 147
## 인간적임

평등은 분명, 약자의 허영이지만

불평등 또한 분명, 강자의 허영이다.

행복을 위해

강자가 허영을 버리는 것이

조금 더 인간적이다.

어느 오후 스쳐지나는 바람이 들려주는 이야기

오늘 갑자기 오랜 시간 후 내게 무엇이 남을지 궁금한 사람에게

## 148
## 허영

허영심은 원래 있지도 않은 상류 계층을 만든다.

그것을 이용한 장사가 잘 되는 이유이다.

하지만 허세는 행복과 거리가 멀다.

스스로 부끄럽기 때문이다.

어느 오후 스쳐지나는 바람이 들려주는 이야기

오늘 갑자기 오랜 시간 후 내게 무엇이 남을지 궁금한 사람에게

## 149
## 존경

존경할 만한 이는

자신의 권리를 먼저 양보한 사람이고

이를 간파한 이는

그에게 자기 권리를 양보한다.

존경할 만한 이가 많을수록 행복한 세상에 가깝다.

어느 오후 스쳐지나는 바람이 들려주는 이야기

오늘 갑자기 오랜 시간 후 내게 무엇이 남을지 궁금한 사람에게

## 150
## 어른

아이들은

모든 것을 공평하게 보고 생각하는데

어른이 교육하는 것은

불평등을 야기하는 이기심뿐이다.

아이들이 어른이 되면서 행복하지 않은 이유이다.

어느 오후 스쳐지나는 바람이 들려주는 이야기

오늘 갑자기 오랜 시간 후 내게 무엇이 남을지 궁금한 사람에게

## 151
## 신념

강한 신념을 가진 자는

타인의 생각을 잘 수용하지 못한다.

그런데 그 신념이 타인을 위한 것이라고

주장한다면 우스운 이야기다.

너무 신념이 강한 자가 행복하지 않은 이유이다.

어느 오후 스쳐지나는 바람이 들려주는 이야기

오늘 갑자기 오랜 시간 후 내게 무엇이 남을지 궁금한 사람에게

## 152

## 악마의 꿈

오늘 저녁 잔칫상을 위해 점심을 거를 수는 있다.

하지만 언제 있을지 모르는 잔칫상을 위해

계속 굶을 수는 없는 일이다.

행복을 위한 꿈은

그것이 너무 멀리 있으면

악마의 꿈이다.

어느 오후 스쳐지나는 바람이 들려주는 이야기

오늘 갑자기 오랜 시간 후 내게 무엇이 남을지 궁금한 사람에게

## 153

## 평등


자유의 실현은 험난하다.

내 마음대로 되는 것이 아니다.

평등의 실현은 평탄하다.

누구나 마음먹으면 당장 가능하다.

행복이 평등으로 더 쉽게 다가서는 이유이다.

어느 오후 스쳐지나는 바람이 들려주는 이야기

오늘 갑자기 오랜 시간 후 내게 무엇이 남을지 궁금한 사람에게

## 154
## 자존감

강자도 약자도 자존감은 동일하다.

이 사실은 약자, 강자 모두를 위한 일이다.

다투지 않기 위한 상식이다.

그런데 자존감을 따지기 시작하면

누구도 행복하지 않다.

어느 오후 스쳐지나는 바람이 들려주는 이야기

오늘 갑자기 오랜 시간 후 내게 무엇이 남을지 궁금한 사람에게

## 155
## 공평

행복을 위한 공평은

'과도한 차이 없이 비슷하게'이다.

길 가던 세 사람이 우연히 황금을 발견하면

모두 행복하기는 어렵다.

비슷하게 나누는 것을 누군가는 원하지 않기 때문이다.

어느 오후 스쳐지나는 바람이 들려주는 이야기

오늘 갑자기 오랜 시간 후 내게 무엇이 남을지 궁금한 사람에게

## 156
## 권리

신은

사람의 행복을 위해

평등은 아니지만 '평등할 자격'은 주었다.

신의 선물을 썩은 상자에 묵혀둘 필요 없다.

그것을 위해서는 불구덩이도 헤쳐갈 만하다.

어느 오후 스쳐지나는 바람이 들려주는 이야기

## 157
## 동질감

평등과 동정은 적대 관계이다.

동정심은 자신의 우위를 전제로 하기 때문이다.

행복을 위한 평등은 동질감이다.

어느 오후 스쳐지나는 바람이 들려주는 이야기

오늘 갑자기 오랜 시간 후 내게 무엇이 남을지 궁금한 사람에게

## 158
## 배움

사람은

기회만 되면 공평에 등을 돌릴 준비가 되어 있다.

그것도 마치 복수심에 불타는 것처럼.

타인의 행복 따위는 안중에도 없다.

그러다 결국 자신도 불행해진다.

그 이유도 알지 못한 채.

행복은 배우고 익히는 자의 것이다.

어느 오후 스쳐지나는 바람이 들려주는 이야기

오늘 갑자기 오랜 시간 후 내게 무엇이 남을지 궁금한 사람에게

## 159
## 냉철함


용기를 가지려면

두려워하지 말아야 하고

두려워하지 않기 위해서는

분노해야 하며

분노하여 고귀한 결과를 얻으려면

냉철해야 한다.

어느 오후 스쳐지나는 바람이 들려주는 이야기

오늘 갑자기 오랜 시간 후 내게 무엇이 남을지 궁금한 사람에게

## 160
## 다름

서로 달라지려 하면

득실을 따지기 시작한다.

서로 비슷해지려 하면

득실은 더는 의미가 없어진다.

고통과 다툼의 근원은

내가 남과 다르다고 생각하는 것이다.

어느 오후 스쳐지나는 바람이 들려주는 이야기

오늘 갑자기 오랜 시간 후 내게 무엇이 남을지 궁금한 사람에게

## 161
## 가장

서로 같음은 가장되어서는 안 된다.

위선은 삶을 절망케 하리니

거짓 같음에 만족하고 인내해서는 안 된다.

어느새 행복도 가장하기 때문이다.

어느 오후 스쳐지나는 바람이 들려주는 이야기

자기 혼자 손해 보고 말겠다는
'점잖은 무관심'이
모두의 행복을 무너뜨린다.

오늘 갑자기 오랜 시간 후 내게 무엇이 남을지 궁금한 사람에게

## 162
## 함께 함

자유를 찾아 너무 혼자 나아가지 말라.

혼자 자유로운 건

오히려 슬픈 일이다.

어느 오후 스쳐지나는 바람이 들려주는 이야기

오늘 갑자기 오랜 시간 후 내게 무엇이 남을지 궁금한 사람에게

# 163

아무것도 바라지 않고

선함의 불빛을 발하는 자들이

지금도, 아무도 모르게

실제 세상을 다스리고 있다.

어느 오후 스쳐지나는 바람이 들려주는 이야기

오늘 갑자기 오랜 시간 후 내게 무엇이 남을지 궁금한 사람에게

## 164
## 결의

누군가에 평등을 맡기느니

신에게 목숨을 맡겨라.

절대 양보할 수 없는 것도 있는 법이다.

어느 오후 스쳐지나는 바람이 들려주는 이야기

오늘 갑자기 오랜 시간 후 내게 무엇이 남을지 궁금한 사람에게

## 165
## 용서

용서하라.

한(恨)이 있는 한 그들에게 상좌(上座)를 내주는 것.

한(恨)은 눈물로 사람을 미약하게 하고 침착함을 방해하니

냉철히 용서하여 그들의 상좌를 깨뜨려라.

어느 오후 스쳐지나는 바람이 들려주는 이야기

오늘 갑자기 오랜 시간 후 내게 무엇이 남을지 궁금한 사람에게

## 166
## 필연

행복은

그것을 필연으로 만드는 자에게만 허락된다.

행복할 수밖에 없는 필연을

매일 조금씩 준비하라.

어느 오후 스쳐지나는 바람이 들려주는 이야기

오늘 갑자기 오랜 시간 후 내게 무엇이 남을지 궁금한 사람에게

## 167

## 지향

행복한 자는 자유롭지 않은 자이니

자신의 자유를 희생하기 때문이다.

그는 아무 바람(願) 없이

자기 삶을 타인을 위해 지향한다.

어느 오후 스쳐지나는 바람이 들려주는 이야기

오늘 갑자기 오랜 시간 후 내게 무엇이 남을지 궁금한 사람에게

## 168
## 점잖음

자기 혼자 손해 보고 말겠다는

'점잖은 무관심'이

모두의 행복을 무너뜨린다.

어느 오후 스쳐지나는 바람이 들려주는 이야기

오늘 갑자기 오랜 시간 후 내게 무엇이 남을지 궁금한 사람에게

## 169
## 복종

타인을 복종시키는 것

타인에게 복종하는 것

모두 신을 거역하는 일이다.

어느 오후 스쳐지나는 바람이 들려주는 이야기

오늘 갑자기 오랜 시간 후 내게 무엇이 남을지 궁금한 사람에게

# 170

자신 속에 감춰져 있는 행복의 씨를 뿌리고

쓰러져 죽을 때까지 열심히 경작하라.

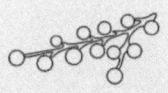

어느 오후 스쳐지나는 바람이 들려주는 이야기

오늘 갑자기 오랜 시간 후 내게 무엇이 남을지 궁금한 사람에게

## 171
## 부자유

부자유를 선택하는 자유

이것이 사람의 실질적 자유이니

자유는 항상 수고로운 현재를 선사한다.

행복한 자가 한가롭지 않은 이유이다.

어느 오후 스쳐지나는 바람이 들려주는 이야기

오늘 갑자기 오랜 시간 후 내게 무엇이 남을지 궁금한 사람에게

## 172
## 목표

행복한 인생 목표는

재력·권력·명예 같이

타인과 경쟁하는 '차갑고 무거운 것'이 아니라

평등·자유·정의·사랑·평화·탐구·탐험·나눔 같이

스스로 만드는 '따뜻하고 가벼운 것'이다.

어느 오후 스쳐지나는 바람이 들려주는 이야기

오늘 갑자기 오랜 시간 후 내게 무엇이 남을지 궁금한 사람에게

## 173
## 의지

염려와 불안 속에 퇴락하지 않으려면

상식과 잡담에 의해 지배받지 않으려면

자신의 두 발로 대지 위에 우뚝 서야 한다.

어느 오후 스쳐지나는 바람이 들려주는 이야기

오늘 갑자기 오랜 시간 후 내게 무엇이 남을지 궁금한 사람에게

174

산책

대자연 속 정원을 거니는 자에게

대부장자의 정원은 초라한 법이다.

어느 오후 스쳐지나는 바람이 들려주는 이야기

## 175
## 저항

'다수'라는 이름의 폭력은

자기 자신을 검열하게 하며

도덕적 용기조차 희생시킨다.

우매한 다수가 행복을 망치지 않도록 경계하라.

오늘 갑자기 오랜 시간 후 내게 무엇이 남을지 궁금한 사람에게

## 176

## 탁월함

행복한 목표는 지금 바로 가능한 것일수록 좋다.

과시하지 않아도 빛나는

작은 탁월함 하나가 행복을 줄 것이다.

어느 오후 스쳐지나는 바람이 들려주는 이야기

오늘 갑자기 오랜 시간 후 내게 무엇이 남을지 궁금한 사람에게

## 177
## 인식

선하지만 진리를 알지 못하면

그것이 다름 아닌 어리석음이다.

어리석으면 행복도 어리석다.

어느 오후 스쳐지나는 바람이 들려주는 이야기

오늘 갑자기 오랜 시간 후 내게 무엇이 남을지 궁금한 사람에게

178

유약

유약한 사람은

타락한 세상이 알려준 삶의 목표를 바라보면서

은밀한 욕망을 키우고 몸부림치며

또 좌절할 것이다.

어느 오후 스쳐지나는 바람이 들려주는 이야기

오늘 갑자기 오랜 시간 후 내게 무엇이 남을지 궁금한 사람에게

# 179

## 인지

좋아하되

그 사람의 악함을 알며

싫어하되

그 사람의 선함을 알라.

어느 오후 스쳐지나는 바람이 들려주는 이야기

오늘 갑자기 오랜 시간 후 내게 무엇이 남을지 궁금한 사람에게

## 180
## 올바름

마음이 올바르지 않으면

배워도 올바르지 못하다.

올바른 마음과 올바른 목표를 가지면

시키지 않아도 스스로

올바른 인생을 위한 노력을 시작할 것이다.

이것이 무엇보다 먼저 해야 하는 행복 교육이다.

어느 오후 스쳐지나는 바람이 들려주는 이야기

오늘 갑자기 오랜 시간 후 내게 무엇이 남을지 궁금한 사람에게

## 181
## 독립

주인을 따르는 개는

행복을 요구할 수 없다.

어느 오후 스쳐지나는 바람이 들려주는 이야기

오늘 갑자기 오랜 시간 후 내게 무엇이 남을지 궁금한 사람에게

182

거부

술에 취해 비틀거리는

무력한 '사치 사회'를 단호히 거부하라.

술에 취하면 행복도 비틀거린다.

어느 오후 스쳐지나는 바람이 들려주는 이야기

## 183
## 활용

국가의 역할은 힘의 균형을 맞추는 것이다.

국가가 나를 보호해 주기를 바라지 말고

그렇게 하지 않을 수 없도록 국가를 강제하라.

국가는 힘 있는 자의 편이다.

행복을 위해 국가를 최대로 이용하라.

오늘 갑자기 오랜 시간 후 내게 무엇이 남을지 궁금한 사람에게

## 184

## 달관

마치, 세상 달관한 듯 '세상 뭐 있나?'며
멍청히 살아서는 안 된다.
정말로 멍청해지기 때문이다.

어느 오후 스쳐지나는 바람이 들려주는 이야기

부자는 돈이 많다는 것
그것뿐이다.

오늘 갑자기 오랜 시간 후 내게 무엇이 남을지 궁금한 사람에게

## 185
## 성공

성공하려고 노력하는 이유가

불평등적 특권을 얻기 위함은 아닌가?

자신은 대단하다고 생각하겠지만

사람들은 우습다고 생각한다.

성공해도 행복할 수 없을 것이다.

어느 오후 스쳐지나는 바람이 들려주는 이야기

오늘 갑자기 오랜 시간 후 내게 무엇이 남을지 궁금한 사람에게

## 186

## 교만

사람은 교만해지기 위해

삶의 모든 것을 바쳐 노력한다.

고독히 비참해지기 위해.

어느 오후 스쳐지나는 바람이 들려주는 이야기

오늘 갑자기 오랜 시간 후 내게 무엇이 남을지 궁금한 사람에게

## 187

## 부자

부자는 돈이 많다는 것,

그것뿐이다.

어느 오후 스쳐지나는 바람이 들려주는 이야기

오늘 갑자기 오랜 시간 후 내게 무엇이 남을지 궁금한 사람에게

## 188

### 궤적

명예는 '삶의 방향'을 제시하는 것이다.

모방하지 말고 자신만의 명예를 만들라.

방향만 결정하면

평범한 삶도 명예로움으로 가득하다.

자신의 궤적을 두려움 없이

자긍심으로 선택하는 것,

이것이 행복으로 가는 소탈한 길이다.

어느 오후 스쳐지나는 바람이 들려주는 이야기

오늘 갑자기 오랜 시간 후 내게 무엇이 남을지 궁금한 사람에게

**189**

**결정**

죽음이 나를 결정하는 것이 아니라

내가 죽음을 결정하도록 차분히 준비하는 것이 좋다.

마지막 행복을 위해.

어느 오후 스쳐지나는 바람이 들려주는 이야기

오늘 갑자기 오랜 시간 후 내게 무엇이 남을지 궁금한 사람에게

## 190
## 죽음

죽음까지가 우리의 삶이다.

삶이 행복하면 죽음도 행복하다.

친구도 못 만나고, 밥도 못 먹고, 잠도 안 자고

세상을 얻으려 하지만

남는 것은 아무것도 없다.

죽음을 위해

삶을 더욱 행복하게 하라.

어느 오후 스쳐지나는 바람이 들려주는 이야기

오늘 갑자기 오랜 시간 후 내게 무엇이 남을지 궁금한 사람에게

## 191

## 무아

죽음은

자기를 떠올리지 못하는 상태이다.

죽음의 준비는 '자기를 떠올리지 않는 연습'이다.

의외로 편안하고 행복할 수도 있다.

어느 오후 스쳐지나는 바람이 들려주는 이야기

오늘 갑자기 오랜 시간 후 내게 무엇이 남을지 궁금한 사람에게

## 192

## 다행

죽음은

두려운 악마가 아니라

우리를 구원하는 천사이다.

두려워해야 할 것은

삶의 격렬한 고통과 허무이다.

죽음이 있으니 너무 두려워할 것 없다.

죽음이 있어 다행이다.

어느 오후 스쳐지나는 바람이 들려주는 이야기

오늘 갑자기 오랜 시간 후 내게 무엇이 남을지 궁금한 사람에게

## 193

## 기억

기억을 기억하면 삶이고

그렇지 못하면 죽음이다.

육체를 내어주더라도

기억을 가지고 저 멀리 달려가면

죽음이 쫓아올 수 없을지 모른다.

죽음에 떳떳이 맞설 수 있는

뚜렷한 기억을 갖도록 생을 만들라.

죽을 때 무엇을 기억하겠는가?

나이만큼의 장면은 기억하겠는가?

죽음의 순간에도 행복할 기억을 지금 만들라.

어느 오후 스쳐지나는 바람이 들려주는 이야기

오늘 갑자기 오랜 시간 후 내게 무엇이 남을지 궁금한 사람에게

# 194
## 몰두

죽음을 두려워하기 시작하면 이미 죽음 상태이다.

우리 불안의 기원은 대부분 죽음이다.

죽음의 순간까지

평정심을 잃지 않도록 연습이 필요하다.

결국, 삶에 집중해야 한다.

죽는 날, 죽기 직전까지 삶에 집중하면 된다.

밭을 일구다가, 밥을 짓다가, 글을 쓰다가

그렇게 죽음을 맞도록 준비하라.

죽음이 삶에 파고들지 못하도록.

죽을 때까지 행복하도록.

어느 오후 스쳐지나는 바람이 들려주는 이야기

오늘 갑자기 오랜 시간 후 내게 무엇이 남을지 궁금한 사람에게

## 195
## 용기

삶 같은 죽음을 맞을지

죽음 같은 삶을 살지는

마음 한번 먹기에 달렸다.

어차피 죽는데 마지막 용기를 내라.

어느 오후 스쳐지나는 바람이 들려주는 이야기

오늘 갑자기 오랜 시간 후 내게 무엇이 남을지 궁금한 사람에게

## 196
## 준비

죽어도

아무것도 달라지는 것이 없다는 것은 절망케 한다.

하지만 그 반대일 수도 있다.

죽음이

사랑하는 이의 행복을 깨뜨리지 않도록

인생 마지막 행복의 여정을 준비하라.

어느 오후 스쳐지나는 바람이 들려주는 이야기

오늘 갑자기 오랜 시간 후 내게 무엇이 남을지 궁금한 사람에게

## 197
## 둘러매는 연습

죽음이 두려워 정신없이 도망치다 다치기도 하지만

사실, 어둠 속 죽은 나무와 같이 그는 아무것도 하지 않는다.

만일 죽음의 두려움이

사랑하는 사람과 나누는 즐거움의 단절이라면

우리가 해야 할 일은

조금이라도 더 즐거움을 만들고

그것을 죽음과 함께 가지고 가는 것이다.

편안한 목표는

삶의 근처에 죽음이 맴돌지 못하게 할 것이다.

죽음의 순간까지 행복하라.

어느 오후 스쳐지나는 바람이 들려주는 이야기

오늘 갑자기 오랜 시간 후 내게 무엇이 남을지 궁금한 사람에게

## 198
## 마무리

죽음은

삶을 파괴하는 것이 아니라

삶을 시간 내 완성토록 도와준다.

뜨거운 일상

생의 한가운데에서

죽음으로 아무것도 잃지 않도록

삶을 마무리하라.

어느 오후 스쳐지나는 바람이 들려주는 이야기

오늘 갑자기 오랜 시간 후 내게 무엇이 남을지 궁금한 사람에게

## 199
## 삶

그대, 슬플 때도 있었지만

그래도 조금은 행복하지 않았는가?

어느 오후 스쳐지나는 바람이 들려주는 이야기

오늘 갑자기 오랜 시간 후 내게 무엇이 남을지 궁금한 사람에게
어느 오후 스쳐지나는 바람이 들려주는 이야기

✱ 오늘 갑자기 오랜 시간 후 내게 무엇이 남을지 궁금한 사람에게

## 시간의서

나눗셈
덧셈
뺄셈
냉철함
무감각
맞섬
주고받음
감내
보존
깊음
지성
빚음
무향
방향(放香)
자질
거래
진화
내면
멋진 인정
유혹
매력
침착함
일상

13

기개
불손
징벌
분노
경계
근원 인식
유효기간 연장
목적
외면
결의
식별
아우름
자격
채비
생각
권리
자유 사용
부자유
깨달음
오늘
현실
도전
곱셈

35

평범
깨어남
담력
점등
손익
복원
우울 치료
자리 낮추기
분별
불신
일임(一任)
구충
기원(起源)
합당함
기억
행복을 배움
실제 달라짐
정결
온화함
삼감
자태
비범
공격

61

* 오늘 갑자기 오랜 시간 후 내게 무엇이 남을지 궁금한 사람에게

## 시간의 서

용서
용악
선기
용인지
만족
배신하지 않음
인간다움
독립
자립
개별의지
자기발견
자격
역할
의욕
명예
쌓기
자족
바라지 않음
부자
증여
공유
자존감
회복

85

온화함
실재
문제
회귀(回歸)
무념
가린 것을 거둠
결행
선함
조색(調色)
무중력
동류
발견
비슷함
속도 맞춤
묶음
자기 창조
길을 찾음
구제
평상심
부족 수긍
사람의 행복
염치
굳셈

109

사소함
소설
순서
묵언
나
탈출
평온
파괴
기백
오만
책
자존
무난함
무익
개별 행복
납득
눈사람
수수함
자각
대상 창조
벗어남
진화
역경

133

✱ 오늘 갑자기 오랜 시간 후 내게 무엇이 남을지 궁금한 사람에게

## 시간의서

지혜
자유
손익계산
우정
생명
무차별
공평
정체
인간적임
내실
존경
어른
후퇴
악마의 꿈
더 수월함
자존감
공평
권리
동질감
배우고 익힘
냉철함
비슷함
가장하지 않음
달관
활용
거부
독립
올바름
인지
목표 수정
지성
탁월함
저항
산책
의지
행복한 목표
부자유
경작
복종
점잖지 않음
타인 지향
필연
용서
결의
선함

157

함께함
성공
교만
부자
궤적
결정
행복한 죽음
무아
마중
기억 만들기
몰두
마음먹기
궁극의
둘러맴
완결
삶

181

205

오늘 갑자기 오랜 시간 후 내게 무엇이 남을지 궁금한 사람에게
어느 오후 스쳐지나는 바람이 들려주는 이야기

개정판 ‖ 2022년 12월 1일
지은이 ‖ 프리드리히
펴낸곳 ‖ 지성과문학
전화   ‖ 031-707-0190
가격   ‖ 15,000원

ISBN  978-89-98392-82-6 (03810)

이 책은 지성과문학사의 지적 재산으로서 무단 전재와 복제를 금합니다.

오늘 갑자기 오랜 시간 후 내게 무엇이 남을지 궁금한 사람에게
어느 오후 스쳐지나는 바람이 들려주는 이야기

오랜 시간 후 내게 무엇이 남을지 궁금한 사람을 위한 책